PRINCE DE LIGNE

Œuvres Posthumes inédites

PUBLIÉES PAR

FÉLICIEN LEURIDANT

LES

EMBARRAS

PIÈCE EN UN ACTE

PARIS

LIBRAIRIE ANCIENNE HONORÉ CHAMPION

ÉDOUARD CHAMPION

5, QUAI MALAQUAIS, 5

ŒUVRES POSTHUMES INÉDITES

DU

PRINCE DE LIGNE

PRINCE DE LIGNE

Œuvres Posthumes inédites
PUBLIÉES PAR
FÉLICIEN LEURIDANT

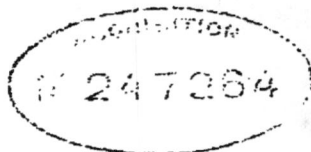

LES
EMBARRAS

PIÈCE EN UN ACTE

PARIS
LIBRAIRIE ANCIENNE HONORÉ CHAMPION
ÉDOUARD CHAMPION
5, QUAI MALAQUAIS, 5

L'ÉDITION DU CENTENAIRE

DES

ŒUVRES DU PRINCE DE LIGNE

EST PUBLIÉE SOUS LES AUSPICES

DU

CERCLE ARCHÉOLOGIQUE D'ATH
ET DE LA RÉGION

PAR LES SOINS DE

M. Félicien LEURIDANT

SECRÉTAIRE GÉNÉRAL

DU

COMITÉ D'INITIATIVE DE LA COMMÉMORATION
DU PRINCE DE LIGNE

EN 1914

ŒUVRES DU PRINCE DE LIGNE

ÉDITION DU CENTENAIRE

Mes Adieux à Belœil, avec une lettre du Prince Charles-Adolphe Cantacuzène. Brochure de luxe, (in-8° 26 pages, 15 gravures) . . . . fr.   1,5o

Lettres à la Marquise de Coigny, avec causerie préliminaire par Henri Lebasteur, 1 volume (XXIX-97 pages, portrait inédit) . . . . fr.   3,5o

Préjugés militaires, avec étude par le lieutenant-général Baron de Heusch (LI-162 pages, portrait inédit) . fr.   3,5o

Fantaisies militaires, avec bibliographie (II-15o pages, portrait inédit). . . . . fr.   3,5o

Mémoires, avec introduction par Eugène Gilbert (LIX-168 pages, portrait et planches hors texte inédites) . fr.   3,5o

SOUS PRESSE :

Lettres à Eugénie sur les spectacles, édition critique par Gustave Charlier, 1 vol. . . . . fr.   3,5o

ŒUVRES POSTHUMES INÉDITES

En marge des Rêveries du Maréchal de Saxe; par Félicien Leuridant.

INTRODUCTION

Parmi les volumineux manuscrits des œuvres pos-thumes inédites du Prince de Ligne qui sont conservés au château de Belœil, il y a quelques pièces de théâtre composées par le Maréchal dans les dernières années de son existence en Autriche. Petites pièces en un acte ou prologues, ces ultimes productions dramatiques ont été écrites pour être représentées par les familiers de l'aimable vieillard que le prince Charles-Adolphe Cantacuzène nous montre (1) filant des propos de berger à quatre-vingts ans, aux pieds d'une dame, la main sur le cœur, avec toute l'ardeur d'un inamoraso de dix-huit ans.

On jouait la comédie dans cet étroit hôtel du bastion que le Maréchal appelait son bâton de perroquet, et la chose était assez curieuse pour que son petit-fils, le comte Clary, ait pu écrire de Paris, le 7 mai 1810 : « ...Vous ne me donnez pas assez de détails sur vos

---

(1) CANTACUZÈNE (PRINCE CHARLES-ADOLPHE). *La Rose du Centenaire*, Amsterdam, 1914.

*spectacles que je regrette bien. Jouer la comédie à
l'hôtel de Ligne est un tour de force qui manquait à
la gloire du maître!.. (1) »*

*Mais ce n'était pas seulement à Vienne que le
Prince sacrifiait à son goût pour le théâtre. Il villé-
giaturait régulièrement à Tœplitz où le prince Clary
avait fait installer dans les appartements de l'Impé-
ratrice une petite scène où l'on jouait une comédie
toutes les semaines. Et ces spectacles se donnaient
naturellement à l'initiative du Prince de Ligne qui
complétait souvent le spectacle par l'exécution de
quelques couplets de sa composition destinés à faire
une petite surprise à l'un ou l'autre des assistants.*

*Le charme de ces spectacles de société, qui lui rap-
pellent ceux de sa jeunesse à la Cour de Charles de
Lorraine, lui fait prolonger ses séjours à Tœplitz.
Il écrit à son adjudant Emile Legros : « ...Je serai
sûrement à Vienne dans un mois, car quelques comédies de société me font rester icy plus longtemps
que je ne croyais. » Et dans un autre billet au même :
« Je compte vous arriver avant la fin, mais tout au
bout du mois. Dites à M. Maurice (2) que j'ai joué
hier dans trois pièces avec le plus grand succès et*

---

(1) CLARY (COMTE). *Trois mois à Paris lors du mariage de
Napoléon Ier*, Paris, Plon, 1914.
(2) Le comte Maurice O'Donnel qui devait épouser la
jeune secrétaire du Maréchal, Christine, fille du Prince
Charles de Ligne fils et filleule de la Princesse Clary.

qu'on a dit encore, à l'ordinaire, comme vous savez : « Cela est singulier, aujourd'hui il savait son rôle. » (1)

Indépendamment des pièces Les Embarras (2), Les Revenants et quelques autres fragments de comédie inédits qui se trouvent au château de Belœil, il est certain que le Prince a composé pendant son exil à Vienne d'autres essais dramatiques dont des copies subsistent probablement chez des descendants de ceux qui en motivèrent la création ou y tinrent un rôle. Peut-être cette publication des œuvres posthumes aura-t-elle pour heureux effet de faire découvrir quelques unes de ces pages égarées. Nous savons en outre par des billets adressés à Emile Legros que le Prince a fait traduire des comédies allemandes pour les adapter en langue française à son théâtre de société.

Il est piquant de voir le Prince de Ligne, jouant à soixante-dix-huit ans le rôle de la « Mère Bobi », et, sans vouloir accorder à cette bagatelle plus d'importance qu'elle ne mérite, on doit remarquer ici que les idées discutées sont familières au Prince depuis le temps de sa jeunesse où il les exposait à Eugénie d'Hannetaire dans ses Lettres sur les spectacles (3).

_____

(1) *Lettres inédites* (Archives du château de Belœil).
(2) Le manuscrit comporte 20 pages in-folio.
(3) Voir *Scène VII*, page 10 et suivantes.

La pièce est certes remplie d'allusions qu'il est bien difficile de préciser aujourd'hui, mais nous avons eu la bonne fortune de trouver un portrait inédit (1) que le Prince a esquissé à la même époque avec sa verve coutumière et dans lequel on reconnaîtra facilement Madame de Bêtencourt.

EBAHISE (Mme d. L..nce K... J.)

Ebahise a des yeux qui seraient fous si elle avait de l'esprit, significatifs si elle n'avait pas de mœurs, méchants si elle avait de l'humeur, hardis si elle avait de l'amour-propre, ou fixes par défaut d'idées, ou presque hors de la tête à force d'étonnement. Elle est surprenante à force d'avoir fait surprenant et surpris. Elle fixe l'attention, elle arrête, elle interrompt. Ebahise va parler : « Imaginez je vous prie que j'ai déjeuné à huit heures du matin. Mme une telle a été à la messe à onze heures, parce que c'est dimanche. Imaginez que l'autre jour après la pluie il y a eu un arc-en-ciel et puis on me demande du thé; imaginez que je fais apporter de l'eau chaude; ce n'est pas tout j'ai reçu une lettre de ma belle-mère qui a été douze jours en chemin, peut-être que mes gens l'ont reçue trop tard pour aller à la poste car mon lanskneint s'est donné une entorse. Imaginez que

---

(1) *Œuvres posthumes inédites* (Archives du château de Belœil). Ce portrait est le premier d'une série de sept, copiés dans un cahier in-8° de 16 pages, par Caroline Murray, amie du Maréchal, à Vienne.

le même homme pue des pieds. Savez-vous bien qu'il n'y a plus au Prater des saucisses comme il y avait autrefois. Imaginez que mon beau-frère a pris un nouvel adjudant. Son tailleur a mis des boutons jaunes au lieu de mettre des boutons blancs et ma belle-sœur est bien heureuse d'avoir trouvé une herbe que son mari n'a jamais voulu croire qui fut en Autriche, le mien ne m'aurait jamais cru non plus sur rien, mais moi je le croyais sur tout parce que, imaginez que vous n'avez jamais vu une si belle figure de mari que lui à laquelle je pense toujours vers minuit que le bon Dieu qui veuille avoir son âme a daigné prendre vers lui, précisément à cette heure-là.

Si peut-être, l'œuvre dramatique posthume du Maréchal de Ligne n'est point susceptible d'ajouter quelque éclat à sa gloire littéraire, il n'est cependant pas sans intérêt de voir cet auteur-acteur qui a ennobli la scène, fidèle, sans défaillance, jusqu'à la mort, à son amour pour l'art du théâtre.

LES EMBARRAS

petite pièce en un acte
représentée pour la fête
de la Princesse Marie Esterhazy

———

1813

PERSONNAGES :

Mme DE FÉTENVILLE	la Princesse de Clary.
Mme DE BÊTENCOURT.	la Comtesse de Clary.
M. LE MARQUIS	le Landgraf Furstemberg.
MÈRE BOBI	le Prince de Ligne.
ANNETTE, fille de la mère Bobi.	le Comte Ferdinand Palfy.
TONTON, id. id.	le Prince Louis de Rohan.
LUBIN.	la Comtesse Marazé.
UNE SORCIÈRE.	la Comtesse Carneville.
LE MAGISTER	Mlle Freser.

———

La scène se passe au château de Mme de Fétenville.

SCÈNE I

MÈRE BOBI (*seule*)

(*Plusieurs voix criant :* Mère Bobi ! Mère Bobi !)

Eh oui, Eh oui, on y va, je sais mon nom qui ne l'est pas. Il n'y a rien de pis que d'en avoir un par sobriquet de hasard ou par rapport pour quelque chose. On le garde toute sa vie, et si l'on ne le dit pas toujours à la personne qui a le malheur de le porter, elle même s'imagine n'être plus si bien dans la société; et si l'on me disait à présent « Bonne femme Babet », je croirais qu'on est fâché contre moi. Eh bien, qu'est ce qu'on me veut?

SCÈNE II

MÈRE BOBI, ANNETTE et TONTON (*arrivant*)

TONTON

C'est qu'on vous aime tant qu'on veut toujours vous voir.

ANNETTE

Taisez vous flatteuse et babillarde, si l'on vous laissait faire. Voici ce que c'est. La dame du château dit qu'on est si bête dans le village qu'il faut s'adresser à celles qui le sont le moins. Elle dit qu'ayant été femme de chambre dans votre jeu-

nesse de la maîtresse d'un grand seigneur qui
sûrement lui donnait des fêtes, vous pouvez par
hasard, un peu vous y entendre.

MÈRE BOBI

Oh! je sais bien que c'est pour cela qu'on me
cherche, c'est Madame des Embarras. Elle veut
mettre tout en l'air pour fêter son amie, dont je
ne sais pas même quelle est la fête aujourd'hui.
Car enfin, si c'est le jour de sa naissance ou de
son nom, c'est bien différent. On tire parti du
patron ou de la sainte. On appelle cela, m'a-t-on
dit, un trait. J'ai vu quelquefois mettre des chiffres
en fleurs, puis des couronnes, puis des bouquets.

ANNETTE

Eh bien nous allons toujours vous en chercher.
Cela servira toujours à quelque chose.

MÈRE BOBI

Oui, oui, allez vous autres. Vous ne faites que
m'embarrasser. Pensons un peu... La surprendre!
cela se dit toujours comme cela, mais...

(Annette et Tonton sortent)

quelque aimable officieux ou bonne commère ne
manquent pas d'en avertir. L'enchanter par des
couplets où l'on dit toujours que le cœur vaut
mieux que la tête, et que le sentiment tient lieu

d'esprit, cela n'est pas bien amusant, et puis notre sot magister est si sot. J'ai pourtant envoyé chez lui le petit Lubin pour voir ce qu'il a imaginé...

SCÈNE III

MÈRE BOBI, LUBIN (*entre*)

MÈRE BOBI

Eh bien Lubin?

LUBIN

Eh bien, mère Bobi, le magister vous propose un feu d'artifice.

MÈRE BOBI

Pour mettre le feu à la maison! Pif, pouf, paf, psch... Fumée et obscurité ensuite qui attriste tout le monde.

LUBIN

Et puis, il dit comme cela que l'on peut donner des *tablox*.

MÈRE BOBI

Tablox? Tableaux, il veut dire; oui, sûrement, si la dame du château voulait en être elle même, la dame à qui elle donne la fête et trois ou quatre femmes de ma connaissance qui ne sont pas loin d'ici. Cela serait joli, mais les préparatifs sont ennuyeux, et puis, on n'y voit goutte, et puis on se heurte, et la toile tombe avant d'avoir reconnu la moitié des personnages.

LUBIN

Et puis le vicaire, à qui j'ai parlé de tout cela, a dit des ombres chinoises. Je ne sais pas trop ce que cela veut dire.

MÈRE BOBI

Ma foi, ni moi non plus. Ah! je crois que ce sont des espèces de silhouettes ambulantes, gesticulantes, de tristes et noirs profils avec l'odeur de l'huile qu'on met sur une toile.

LUBIN

Si vous n'aviez pas tant d'affaire, chère mère Bobi, je vous dirais que j'ai dix huit ans et Annette seize. Vous savez bien ce que cela veut dire.

MÈRE BOBI

Pardi, il s'agit bien de ça aujourd'hui... Mais voilà le maudit marquis de Madame de Fétenville qui radaille ici.

SCÈNE IV

MÈRE BOBI, LE MARQUIS

LE MARQUIS

Mère Bobi, votre dame du château, m'envoie

ici d'avance pour savoir si avec les gens d'esprit que vous avez consultés, il y a déjà quelque chose de résolu.

MÈRE BOBI

Oui, oui, cela se débrouille. J'ai déjà commencé et je sais déjà à présent ce que nous ne donnerons pas, mais pas encore ce que nous donnerons.

LE MARQUIS

Oh! je vois que cela avance, mais où sont donc vos charmantes filles?

MÈRE BOBI

Combien vous en faut-il donc? Vous faites l'agréable avec Madame de Fétenville.

LE MARQUIS

Point du tout. Est-ce ma faute à moi, si elle m'aime? Venez donc, venez les petites bobinettes.

SCÈNE V

Les mêmes, ANNETTE ET TONTON

(Toutes les deux à la fois)

Que veut-on de nous?

LE MARQUIS

C'est pour montrer vos jolis petits minois et vos petits talents.

MÈRE BOBI

Oui, pour plaire à Monsieur, n'est-ce pas?

LE MARQUIS

C'est déjà fait, la mère, mais pour qu'elles soient bientôt mariées, je leur conseille de prendre un avant-goût de coquetterie.

TONTON

Eh bien, Monsieur le marquis, me voilà toute prête.

LE MARQUIS

Je ne puis guère vous le donner tout de suite, Madame de Fétenville me suit de trop près.

ANNETTE

Faites-le moi donner par Lubin qui a envie de m'épouser.

TONTON

Personne, jusqu'à présent, ne se présente pour moi, à ce qu'il me semble. Comment vous y prendriez-vous si vous vouliez m'épouser?

LE MARQUIS

Je vous dirais, par exemple, que vous êtes bien plus jolie que tout ce que j'ai aimé. J'abjurerais mes derniers sentiments, par exemple ceux que l'on croit que j'ai pour cette Madame de Fétenville...

SCÈNE VI

Les mêmes, Mme DE FÉTENVILLE

Mme DE FÉTENVILLE

Eh bien, monsieur, que faites vous donc ici? Et mon nom que je viens d'entendre...

LE MARQUIS

C'est pour vous proposer pour modèle dans l'art de plaire et surtout celui de vous habiller. Vous êtes mise d'un goût parfait, et ce chinois que vous venez d'ajouter à votre élégance précédente vous va à merveille.

Mme DE FÉTENVILLE

Eh bon Dieu, qui arrive ici sans se faire annoncer?

SCÈNE VII

Les mêmes, Mme DE BÊTENCOURT

Mme DE BÊTENCOURT

Je m'annonce toujours moi-même, madame, et je jouis, moyennant cela, du plaisir que je fais en surprenant par ma visite. Je viens d'apprendre que vous étiez dans votre château et j'ai quitté le mien bien vite.

Mme DE FÉTENVILLE

Vous êtes bien bonne, madame, j'étais un peu occupée.

Mme DE BÊTENCOURT

A faire un nouveau bail, peut-être, pour vos étangs. Combien les louez-vous?

Mme DE FÉTENVILLE

Madame, je n'en sais rien.

Mme DE BÊTENCOURT

Ah! de quelques procès. Je n'en ai plus que vingt. J'en ai perdu dix.

Mme DE FÉTENVILLE

Non, c'est d'une petite fête.

Mme DE BÊTENCOURT

Ah! je vous donnerai des conseils. Si vous avez beaucoup de monde, une table en fer à cheval... Mais j'aime assez vos meubles. Pourtant, je préfère à cette tenture un papier où il y a beaucoup de perroquets, et puis des tableaux de marine, car mon mari a été tué à la bataille de Trafalgar. A propos avez-vous un loto, nous pourrions y jouer?

Mme DE FÊTENVILLE

Eh! mon Dieu, madame, que de choses à la fois! Je n'en ai jamais qu'une dans la tête... et Monsieur le marquis sait ce que c'est.

LE MARQUIS

Oui, madame, et dans le cœur aussi.

Mme DE BÊTENCOURT

Oh! le cœur. J'ai eu aussi des affaires de cœur. Mais les hommes, les hommes! j'aime mieux les jardins. Me permettez-vous, madame, de parcourir le vôtre? Je ferai aller ma voiture à la petite porte du parc et je reviendrai demain et après demain, puisque je vois que cela vous fait plaisir. Adieu, ma chère voisine, dites-moi si vous préférez à l'occasion des jardins, l'abbé Delille à Roucher qui a fait le poème des saisons, et à St-Lambert qui a fait les douze mois de l'année. Le second a fini bien malheureusement. Mais vous savez ce que c'est qu'une révolution! A propos de ça croyez-vous que l'Institut vaut mieux que l'Académie française? Ce qui me désole c'est que je ne vois plus que l'éloquence de la chaire s'y soit soutenue.

Mme DE FÉTENVILLE

J'admire la vôtre, madame, et ne veux pas vous arrêter plus longtemps.

LE MARQUIS

Je vais vous donner le bras, madame, jusqu'au commencement du jardin, et sans avoir cette éloquence que vous estimez, je vous dirai, madame, que je serai charmé d'aller vous faire ma cour, un jour que nous n'aurons point autant d'affaires qu'aujourd'hui.

Mᵐᵉ DE BÊTENCOURT (*sortant avec le marquis*)

Adieu donc, madame.

Mᵐᵉ DE FÉTENVILLE

Adieu, madame.

— Je n'en puis plus. Eh bien, mère Bobi, qu'est-ce que vous faites-là comme une ahurie? Vous avez l'air si pensive que je crois que vous ne pensez à rien. Vous ne prenez seulement pas garde à vos filles.

MÈRE BOBI

Hélas, mon Dieu, je pense que si mon pauvre Bobinet vivait encore!.. Il était si cocasse! c'était une farce entière que toute sa personne... C'était au mariage de la nièce de notre curé d'alors... Comme nous avons ri... Combien de drôleries il a fait dans sa petite chansonnette, sur ce qu'elle était... vous m'entendez bien aussi, sa gouvernante.

Mᵐᵉ DE FÉTENVILLE

Je n'aurais pas besoin de vous autres, si je ne voulais pas un peu varier les plaisirs que je veux procurer à ma société, et à la femme que j'aime. Mais tout est si rebattu à présent. Des comédies où personne ne sait son rôle, des répétitions où personne n'arrive à l'heure qu'on fixe, et puis à la représentation des rires de commande sur le théâtre pour se faire passer pour timide ou distrait; des proverbes qui paraissent chauds au commencement et qui finissent par être très froids; des opéras sans voix, et des ballets sans jambes. Je veux quelque chose sans prétention.

LE MARQUIS (*qui est de retour*)

A merveille, madame. A propos de répétition, par exemple, comment voulez-vous que je sois exact à quatre troupes de société à la fois? On est ici quatre ans sans en avoir. A présent tout d'un coup, on se sert de ceux qui ont du talent comme moi, madame, par exemple, (pardonnez-moi cette immodestie) et l'on dit : « monsieur, demain à dix heures », un autre à dix heures et demie, un autre à onze heures. On arrive. Il y a des déjeûners. On y boit un coup de trop. Le temps se passe et l'on n'a rien fait.

SCÈNE VIII

Les mêmes, Mme DE BÊTENCOURT (*revenant*)

Mme DE BÊTENCOURT

A propos, madame, je viens de rencontrer un ou deux musiciens qui m'ont dit qu'on aurait peut-être besoin d'eux. Moi je parle à tout le monde. Voulez-vous peut-être un concert?

Mme DE FÉTENVILLE

Dieu nous en préserve! Un bruit d'instrument

me tue. Un solo m'ennuie. Sonate que me veux-tu, disait Fontenelles. Un excellent violon me donne des vapeurs, par ses difficultés que je voudrais, comme disait un autre, des impossibilités ; et une grande ariette m'endort.

LE MARQUIS

Voulez-vous des baccarols, des napolitaines, des bourbonnaises, des airs bouffes ?

Mᵐᵉ DE FÉTENVILLE

Trop bouffon.

LE MARQUIS

Vous aimeriez peut-être les Tyroliens ?

Mᵐᵉ DE FÉTENVILLE

Trop champêtre.

LE MARQUIS

Voulez-vous des marionnettes ?

Mᵐᵉ DE FÉTENVILLE

Trop enfant.

LE MARQUIS

Et des danseurs de corde ?

Mᵐᵉ DE FÊTENVILLE

C'est trop dangereux.

LE MARQUIS

Une illumination?

Mme DE FÉTENVILLE

Cela fait mal aux yeux.

LE MARQUIS

Des jeux d'esprits?

Mme DE FÉTENVILLE

Ils sont si bêtes.

ANNETTE

Des colins maillards?

Mme DE FÉTENVILLE

Cela incommode ceux qui ne jouent pas.

TONTON

La main-chaude?
          « Il a passé par ici, le furet du bois joli ».

Mme DE FÉTENVILLE

On y fait trop de bruit, on rit, on crie.

Mme DE BÊTENCOURT

Si vous aviez de bons auteurs?

Mme DE FÉTENVILLE

Ceux de société sont si gauches, ceux de théâtre si impertinents.

Mᵐᵉ DE BÊTENCOURT

Oh! pour le spectacle, c'est mon fort. Feu
Monsieur de Bêtencourt jouait la comédie à faire
mourir de rire ou de pleurer. Nous en avions trois
fois la semaine au château.

LE MARQUIS

Etait-ce du Racine?

Mᵐᵉ DE BÊTENCOURT

Pas assez tragique, monsieur.

LE MARQUIS

Du Corneille?

Mᵐᵉ DE BÊTENCOURT

Non, trop de Romains. J'aime encore mieux les
Grecs français du premier.

Mᵐᵉ DE FÉTENVILLE

Ah! vous préférez Voltaire.

Mᵐᵉ DE BÊTENCOURT

J'aurais assez aimé les Turcs. Mais Monsieur
de Bêtencourt n'aimait pas ces bonnets de nuit,
disait-il, ni les philosophes. Non, madame, ni
tragédie, ni demi-tragédie bâtarde de larmoyant.

LE MARQUIS

Je sais à présent ce que c'est. C'était tout fran-
chement du bon Molière.

Mme DE BÊTENCOURT

Fi donc, il avait trop mauvais ton et il aimait trop les bourgeois. Les gens de qualité sont toujours maltraités. Il faut dans ce temps-ci, faire respecter la noblesse.

Mme DE FÉTENVILLE

Etait-ce du Dancourt?

Mme DE BÊTENCOURT

Encore plus fi, madame, ce sont des paysans.

Mme DE FÉTENVILLE

Aimez-vous les Beaumarchais?

Mme DE BÊTENCOURT

Ah! mon Dieu, madame, tous fripons.

LE MARQUIS

Je parie, madame, que vous donniez dans les troubadours, les ménestrels.

Mme DE BÊTENCOURT

Et pourquoi pas? Oui, monsieur, de la Palestine, de la Palestine, voilà ce qu'il faut. Des romances bien tristes, des chevaliers blessés, du français qu'on ne comprenait pas; quelque ermite : on se croit alors sur le chemin de Jérusalem.

LE MARQUIS

Ah! mon Dieu! l'on est si las de tout celà à présent, et des petites chapelles, des chapelets. A force de dévotion, on en manque. C'est une espèce de profanation, comme les sept paroles de qui vous savez qu'on chante au théâtre.

Mme DE BÊTENCOURT

Aimez-vous mieux peut-être à l'italienne un Achille avec une voix de femme? un Oreste, en femme tout à fait? ou des caricatures avec des lunettes et grosses perruques?

Mme DE FÉTENVILLE

Vous avez sûrement trop bon goût pour cela.

Mme DE BÊTENCOURT

Croyez-vous peut-être qu'à la hongroise, je faisais jouer Orosmane en habit de houzard et Lusignan en Köpernik.

Mme DE FÉTENVILLE

Ah! mon Dieu, quelle érudition!

Mme DE BÊTENCOURT

Ou à l'anglaise, des têtes de morts, des gibets, ou des tombeaux à l'allemande, quelques chevaliers annoncés par un air de trompettes, ou quelque lieutenant-colonel des troupes d'Empire, en bottes bien cirées, un duc, son chancelier qui est un fripon, et des scènes décousues où l'on parle au lieu d'agir?

Mme DE FÉTENVILLE

Ce ne serait pas bien gai, pour ce que nous voulons.

Mme DE BÊTENCOURT

Ah! mon Dieu, parlez-moi si vous voulez qu'on rie. Je connais deux théâtres où l'on ne fait que cela. Il y a vingt chevaux au galop dans l'un ou un bataillon, et dans l'autre pour ne jamais passer par les coulisses, s'enfoncer par des trappes, dans les enfers, ou voler vers les cieux, pendus à une petite ficelle.

LE MARQUIS

Eh! non, non, madame, vos propositions vont toujours de pis en pis.

Mme DE BÊTENCOURT

Eh bien, monsieur, eh bien, madame, le seul moyen qui vous reste c'est la pantomime : c'est la seule manière de ne pas dire des bêtises.

Mme DE FÉTENVILLE

Oh! s'il y en avait une pour ne pas les entendre!

LE MARQUIS

C'est très profond, madame. Tant de gens ne parlent que pour parler.

Mme DE BÊTENCOURT

Et puis, par exemple, Monsieur le marquis, vous devez même vous opposer à toutes les pièces, car il y a des marquis ridicules.

LE MARQUIS

Oui, madame, et tant de bavardes dont on ne peut pas se défaire.

Mme DE FÉTENVILLE

Eh bien, madame, je veux suivre votre conseil. Je m'en tiens à la pantomime. Vous y viendrez, si vous le voulez, me faire cet honneur-là : et pour commencer, je vais me contenter de ce signe de regret de votre départ.

(Elle marque comme on s'en va, salue, et met la main à la bouche. Mme de Bêtencourt entre dans cette plaisanterie qui l'enchante, elle fait de même et sort.)

SCÈNE IX

Les mêmes, excepté Mme DE BÊTENCOURT

LE MARQUIS

Elle doit être bonne cette femme. Les babillardes sont moins commères souvent que les autres.

Mme DE FÉTENVILLE

Eh mon Dieu, pensons à nos affaires... Ah! Grand Dieu, encore !

Mme DE BÊTENCOURT (*rentrant*)

Encore un mot. Je rentre, mais c'est pour la dernière fois. Je vous demande pardon, ma chère voisine, si je ne puis assister à la fête que vous donnerez ou ne donnerez pas. J'ai à vous dire que vous n'y invitiez pas les femmes qui aiment trop à causer.

Mme DE FÉTENVILLE

Oh oui, vous avez bien raison.

Mme DE BÊTENCOURT

Ni celles qui ne se souciant seulement que d'être priées, écrivent deux ou trois billets pour l'être, ni tant de personnes qui n'aiment que les glaces et la limonade. D'autres qui pensent plus solidement disent pendant la représentation : y a-t-il un thé entre les deux pièces, soûpe-t-on ici? L'un dit : je le crois et je reste. Un autre : on ne m'a rien dit, et je m'en vas. On n'écoute pas, on n'applaudit pas, on décourage.

LE MARQUIS (*bas*)

Madame de Fétenville « la sotte ouvre souvent un avis important ».

Mme DE BÊTENCOURT

Que vous dit monsieur? N'est-il pas de mon avis?

LE MARQUIS

Je dis, madame, que votre petit tableau est de la plus grande vérité. Je m'en vais vous en faire un aussi.

Mme DE FÉTENVILLE

Eh mon Dieu, il ne s'agit pas de peinture, et nous perdons du temps. Mon amie va arriver.

LE MARQUIS

Dans l'instant. C'est l'entrée dans le salon dont je veux vous parler. L'air modeste, quelquefois mécontent de soi, les compliments que l'on fait, les admirations, la fausseté de la moitié de ce qu'on témoigne. Quelque engouement, vrai, par hasard, et mal placé. On embrasse, on dit mon Dieu que vous êtes jolie : c'est plus comique que la comédie.

Mme DE BÊTENCOURT

Madame, vous n'avez pas un moment à perdre. Je m'en vas.

Mme DE FÉTENVILLE

Dieu soit loué !

Mme DE BÊTENCOURT

Ce que dit Monsieur le marquis, me rappelle un couplet que fit mon défunt sur ce chapître là, après quelques couplets qu'il avait faits, mal chantés, en oubliant l'air et les paroles, ce qui arrive toujours.

C'est sur celui de : *Femmes, voulez-vous éprouver ?*

> Puis on entre dans le salon
> Qu'a dit l'auteur? Que veut-il dire?
> Je ne l'ai pas compris, dit-on,
> Mais à ses dépens, j'ai vu rire.
> Monsieur vos couplets sont charmants
> On sait que les vers de commande,
> On place le mot sentiment
> N'exigent pas qu'on les entende.

Adieu, madame, je n'en suis pourtant pas bien sûre, adieu pour la dernière fois, peut-être jusqu'à demain. Mais pantomime, pantomime, je vous prie.

(Elle sort)

LE MARQUIS *(à Mme de Fétenville)*

Je la crois en vérité, et vous la conseille.

Mme DE FÉTENVILLE

Eh bien, soit, j'y consens.

LE MARQUIS

Après une noce de village, par exemple. Marions Annette et Lubin. On dit qu'ils en ont envie. D'ici à tantôt nous trouverons un joli jeune homme pour Tonton. Deux noces feront mieux qu'une et le mariage est justement une fête à donner. La voilà toute trouvée.

MÈRE BOBI

Oui, et la dot où sera-t-elle?

Mme DE FÉTENVILLE

Il est capable de faire le généreux à mes dépens et tâchera ensuite... Allons, monsieur, faire nos arrangements.

(Elle sort, le marquis fait semblant de la suivre et reste)

LE MARQUIS

Avez-vous entendu? Quelle récompense, mes chères petites, pour le bien que je vous veux? J'en veux prendre des gages. Annette, donnez-moi une petite boucle de vos cheveux. Tonton, donnez-moi ce petit ruban qui noue les vôtres.

ANNETTE

Quel plaisir cela peut-il donc faire?

TONTON

Je ne le connais pas, mais j'ai vu faire une petite bêtise pareille l'autre jour, à notre dame, avec Monsieur le marquis.

LE MARQUIS

C'était par plaisanterie; mais ici c'est du sentiment.

ANNETTE

Il est trop tiré par les cheveux.

TONTON

On n'a pas tant d'esprit au village, monsieur,

on garde ce qu'on a. Tiens, ma sœur, vois un peu
ce petit cœur qui passe la boutonnière.

ANNETTE

Eh comme c'est gentil, et tous ces petits cachets
donnés surtout par d'autres dames. Que de jolies
petites.

(Elles rient)

LE MARQUIS

(voyant entrer Mme de Fétenville)

Chut, ne parlons plus de tout cela, je vous en
prie.

SCÈNE X

Les mêmes, Mme DE FÉTENVILLE

Mme DE FÉTENVILLE

Eh bien, monsieur, je crois que vous faites déjà
les apprêts de noces.

LE MARQUIS

Je demande à l'une si elle n'a pas aussi un petit
amoureux.

Mme DE FÉTENVILLE

Pour en être le grand amoureux, apparemment.

LE MARQUIS

Et je disais à l'autre, au contraire, qu'il n'était
pas d'usage d'en prendre un avant quatre ou cinq

mois de mariage. D'ailleurs vous savez bien, madame, qu'on attend souvent le veuvage pour cela, c'est ainsi que c'est pour vous consoler de la perte que vous aviez faite que je me suis d'abord présenté.

TONTON

Eh bien, Monsieur le marquis, en attendant un petit ou grand amoureux et que je sois mariée ou veuve, je vous dirai que voilà Lubin de ma petite sœur qui est là qui se cache.

SCÈNE XI

Les mêmes, LUBIN et le MAGISTER

LE MARQUIS

Madame, nous pourrions les prendre tous deux à notre service.

Mme DE FÉTENVILLE

J'aime bien ce ton familier.

ANNETTE

Quel bonheur ce serait pour nous !

LUBIN

Pour nous, pour nous, à notre service? On dirait que tout est en commun ici aujourd'hui. Ma chère Annette, nous n'avons besoin de personne, vous savez que j'ai de bons bras, nous travaillerons.

Mère Bobi

Qu'en pensez-vous, magister, pourrions-nous établir ici ce petit ménage?

Le Magister

Pour ce qui est de ça, mère Bobi, je vous dirai, respect pour madame, que le mariage étant une chose qui est du département de l'église, dont je suis seulement le marguillier...

Lubin

Il s'agit bien de cela, magister. On sait bien que ce n'est pas vous qui donnerez la bénédiction. Mais n'est-ce pas que nous pouvons devenir des gens bien riches en cultivant là, ces bruyères ici tout près.

Mme DE Fétenville

Dites oui, et faites-là partir tout de suite après la noce pour que le marquis ne fasse pas des siennes.

Tonton

Appuyez là-dessus, Monsieur le marquis, ma sœur partira et je resterai ici.

Lubin

Oui, oui, et nous chanterons ici nos chansons de village qui valent mieux que celle qu'on voulait faire chanter sur des planches et (attendez comment cela s'appelle) oui, avec des coulisses. J'ai empêché un monsieur de vous le proposer.

MÈRE BOBI

Vous avez bien fait Lubin.

LE MARQUIS

Pourquoi ne m'en a-t-on pas parlé? J'aurais arrangé tout cela.

LUBIN

Chère maman qui êtes la vertu, la morale même, j'espère que ma chère Annette et même sa petite sœur aussi vous ressembleront.

LE MAGISTER

Je suis de votre avis à tous, parce que mon avis est toujours de l'être de... Enfin, vous le savez, je suis homme de bon conseil.

MÈRE BOBI

Voulez-vous que j'ai un avis aussi, moi?

LE MARQUIS et Mme DE FÉTENVILLE

(ensemble)

Oui, oui.

MÈRE BOBI

Consultons une diseuse de bonne aventure qui demeure ici tout près, pour savoir si ces bons enfants seront heureux et auront de quoi vivre.

Mme DE FÉTENVILLE

Bon. Quelle folie! On n'y croit plus.

LE MARQUIS

Cela se dit toujours comme cela des revenants ! Quelle extravagance des tireurs de cartes : sottises; des rêves : pas le sens commun; des pressentiments : folie; et puis on dit : voici pourtant ce qui m'est arrivé.

MÈRE BOBI

Magister, vous qui n'êtes pas un grand sorcier, faites venir la sorcière.

(Il sort pour la chercher)

LUBIN

Sans être sorcier, je suis sûr que mon Annette me rendra bien heureux.

ANNETTE

Sans être sorcière, je sais que nos enfants seront bien jolis.

TONTON

Je tremble que la sorcière ne dise à la dame du château que je trouve le marquis fort aimable.

Mme DE FÉTENVILLE

Ah! la voilà. Eh bien, bonne femme, avez-vous déjeûné avec Lucifer, aujourd'hui.

SCÈNE XII

Les mêmes, LE MAGISTER avec LA SORCIÈRE

LA SORCIÈRE

Non, madame, je n'ai pas besoin de cela. Je ne regarde ni à l'organe, ni à la physionomie, ni à la main. Je marmotte les noms entre les dents, et après quelques petits mots que je prononce je sais ce qui leur arrivera. Dites-moi, tous et toutes, vos noms.

(On les lui crie)

Voulez-vous que je commence par Monsieur?

LE MARQUIS

Oui, oui, cela va être plaisant!

LA SORCIÈRE

Monsieur n'aura pas le plaisir de voir la fête que madame destine à son amie. Madame voit par cet échantillon de galanterie avec les deux petites bobinettes que monsieur est un fat qui la trompe. Elle va le mettre à la porte de son château.

LE MARQUIS

Pas davantage, je vous prie. Quelle diable de femme! Adieu, mesdames; je reviendrai vous voir un autre jour ou peut-être plus tôt.

(Il sort)

Mᵐᵉ DE FÉTENVILLE

Je crois qu'elle m'a rendu service.

Eh bien pourra-t-on se marier ici? Qui se mariera?

La Sorcière

Lubin épousera Annette. Elle héritera d'un ancien amant de sa mère, qui pour l'acquit de sa conscience paternelle lui laissera, à sa mort, mille écus de rente.

Mère Bobi

Taisez-vous donc, sorcière!

Annette

Bien obligée, la bienvenue de l'Enfer.

Tonton

Et moi bonne femme?

La Sorcière

L'année prochaine le premier venu que vous aimerez.

Tonton

Oh je vous le promets!

Mère Bobi

Eh bien, voilà que c'est, comme nous disions, la noce qui sera la fête; des violons, une ronde à chanter, à danser.

Mme de Fétenville

Oui, oui, pourvu qu'on dise à mon amie que

nous l'aimons tous. Ne savez-vous rien à dire sur son compte d'heureux comme sa physionomie!

La Sorcière

Pourquoi pas? Je sais son nom, laissez-moi le marmotter. Ah! voilà ce qu'elle est. Je ne l'ai jamais vue, mais je parie que j'ai raison. Elle est noble comme une reine, elle est blanche comme son âme et l'hermine, elle est sereine comme un beau jour. Elle est douce comme sa peau. Elle est fraîche comme le printemps. Elle est bienfaisante comme une pluie d'été; elle est égale comme les saisons; elle est modeste comme la violette; elle est pure comme un ruisseau limpide; elle est bonne et aimable, comme elle : c'est tout dire.

Mère Bobi

On dirait réellement que vous la connaissez.

Mme DE Fétenville

Et son avenir?

La Sorcière

C'est le passé et le présent qui le fait deviner. Voilà notre science à nous autres. Elle ne changera jamais, et sera toujours aussi heureuse qu'elle l'est et qu'elle le mérite.

Le Marquis (*revenant*)

Ce que vous n'avez pas pu prévoir, ni vous, ni

Madame de Fétenville, c'est que je reviendrais pour vous annoncer que j'ai tout préparé pour la pantomime.

Mᵐᵉ DE FÉTENVILLE

Ah! marquis, je vous en sais bon gré. Vous serez donc une fois dans votre vie, bon à quelque chose. Voyons, où avez-vous fait préparer tout cela.

LE MARQUIS

Au château où je vous propose de faire une répétition pour savoir si cela vous convient.

Mᵐᵉ DE FÉTENVILLE

Très bien. Nous allons d'abord ici terminer le mariage de ces enfants. A quoi pensez-vous, magister?

LE MAGISTER

A ma harangue. Approchez, couple heureux.

Mes enfants, promettez-vous l'un et l'autre : 1°) d'en avoir; 2°) de les bien élever; 3°) de ne pas vivre dans le désordre comme bien des personnes que vous voyez ici; 4°) si ce sont des garçons de n'être pas avantageux, intéressés, trompant femmes respectables ou voulant tromper des petites filles; 5°) si vous en avez et si elles font fortune, qu'elles ne soient pas fières et fassent des femmes de qualité; et n'aient point d'amant comme d'autres dont leurs filles pourraient hériter; 6°)...

Mme DE FÉTENVILLE

Assez, magister.

MÈRE BOBI

Même trop, magister. Et puis dansons, à présent. J'y ai déjà un peu pensé et puisque nous sommes tous ici faisons la répétition tout de suite.

LUBIN

Allons, Annette, commençons, et vous Tonton, prenez qui vous pourrez.

LE MARQUIS

Moi, par exemple.

TONTON

Si madame le permet.

Mme DE FÉTENVILLE

Taisez-vous, petite fille. Je trouverai aisément un meilleur danseur pour vous. Vous danserez avec le magister et moi avec le marquis.

LE MARQUIS

Et quelle danse, grand Dieu?

Mme DE FÉTENVILLE

Un pas de deux. Mais pas de pirouettes et de ces jambes un demi quart d'heure en l'air. Moi j'aime que l'on mette pied à terre.

Le Marquis

Eh bien, puisqu'il le faut, contentons-nous du triste menuet.

Mme de Fétenville

Soit et commençons.

(On danse après toutes les danses)

Mère Bobi

Voici le moment de la ronde.

Mme de Fétenville

Eh bien chantons et dansons-la.

(On danse en rond, et l'on chante sur l'air de Marleborough)

I

Nous allons voir Marie
Miroton, ton, ton, mirontaine
Notre âme est ravie
Car quand on la verra
D'abord on l'aimera
Et on l'admirera
Nos cœurs en allégresse
Miroton, ton, ton, mirontaine
Nos cœurs en allégresse
Disent tous qu'elle est là

II

Faut lui faire surprise
Miroton, ton, ton, mirontaine
Faut lui faire surprise
Mais comment l'attraper
On ne peut pas tromper
Celle qui sait charmer

Elle doit bien s'attendre
Miroton, ton, ton, mirontaine
Elle doit bien s'attendre
A ce qu'on peut chanter

III

Ayez de l'indulgence
Miroton, ton, ton, mirontaine
Ayez de l'indulgence
Pour ce que nous disons,
Pour ce que nous chantons
Pour ce que nous dansons
Mais amuser Marie
Miroton, ton, ton, mirontaine
Secondant son amie
C'est ce que nous voulons

IMPRIMÉ

par

l'Imprimerie F. De Keulener

170, rue Royale Ste-Marie

Bruxelles

pour le

Cercle Archéologique d'Ath.

ÉDITIONS DÉFINITIVES DE GRANDS AUTEURS

(Aucun volume n'est vendu séparément)

ŒUVRES DE FRANÇOIS RABELAIS

EDITION CRITIQUE

publiée par **Abel LEFRANC**, Professeur au Collège de France,
Jacques BOULENGER, Henri CLOUZOT, Paul DORVEAUX
Jean PLATTARD et Lazare SAINÉAN

Tome I. — Avec une Introduction, une Carte et un Portrait.
Beau volume in-4° de CLV-214 pages . . . . **15 fr.**
Tome II. — Beau volume in-4° de 215-558 pages . . . . **10 fr.**
Les exemplaires sur japon et hollande sont épuisés. — Formera environ 7 volumes.

CORRESPONDANCE DE MONTESQUIEU

Edition GEBELIN et MORIZE

2 volumes in-4°.   Quelques exemplaires sur hollande.
Ensemble . . . . **28 fr.**

ŒUVRES INÉDITES DE VOLTAIRE

Tome I : **Mélanges historiques**, par FERNAND CAUSSY
In-8° raisin . . . . **10 fr.**
En préparation : *tomes II-VII*. — Correspondance inédite.
Il est tiré 15 exemplaires hollande à **20 fr.**

CORRESPONDANCE GÉNÉRALE
DE CHATEAUBRIAND

Publiée avec Introduction, Indication des Sources,
Notes et Tables doubles, par L. THOMAS

Tomes I (avec un portrait inédit), *II, III* (avec portrait inédit) et *IV* (avec
portrait inédit), in-8° de chacun 400 pages. — Chaque . . . **10 fr.**
L'édition formera environ 8 volumes in-8°. Il est tiré en plus **100** exemplaires
sur papier hollande Van Gelder à **20 francs** le volume,

ŒUVRES INÉDITES D'ANDRÉ CHÉNIER

Edition A. LEFRANC. In-8° (presque épuisé) : **7 fr. 50**

ŒUVRES COMPLÈTES DE STENDHAL

Publiées sous la direction d'**Edouard CHAMPION**
Avec en appendice la Bibliothèque Stendhalienne.
5 volumes in-8° parus avec planches (sur 35) et *épuisés.*
Restent seulement quelques exemplaires sur hollande . . . . **20 fr.**

www.ingramcontent.com/pod-product-compliance
Lightning Source LLC
LaVergne TN
LVHW022152080426
835511LV00008B/1367